我的老公就是這麼沒用！

無能老公
圖鑑

井上ミノル

第3章 無能老公動物園

第4章 無能老公偉人傳

第 5 章　無能老公 嗜好小屋

第 1 章

無能老公的
基本生態

Dame Danna no Kihonteki Seitai

老公是怎樣的生物？

老公也有分很多種類，但基本上都有幾個共通的特徵。不妨多觀察、多跟身旁的老公或老公預備軍比較比較。

■ **溝通能力低**

不說不會懂，但有時說了還是不懂，更別提察言觀色了。

■ **抗壓性低**

心是玻璃做的，但有時又彷彿長毛般地厚顏無恥。

■ **在家時會出現少許贅肉**

上班時約莫會瘦個10%，但回到家後，背部和腰部特別有肉。

■ **無法同時進行兩件事**

無裝載多任務處理功能。

WARNING!

老公其實是自尊心超標的生物。

當老公感覺到自尊心被傷害時會立刻鬧彆扭，有時甚至會惱羞成怒，十分危險。原本就沒什麼用處的老公會幹勁盡失而變得更加沒用，對太太有百害無一利，因此務必小心別說出瞧不起他的話。另外，想拜託他做事情的時候，「去○○」的語氣會讓他覺得被命令而感到意興闌珊。因此，最好營造出「只有老公才做得到，我好需要你！」的氛圍來拜託。……太愚蠢了，怎麼可能這麼面面俱到！

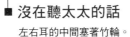

■ **沒在聽太太的話**
左右耳的中間塞著竹輪。

■ **吃飯時不會除法**
明明一家四口，八塊可樂餅，卻還是會面不改色地將筷子伸向第三塊。

■ **眼睛脫窗**
找不到東西，也無法察覺太太外表的變化，但卻能迅速搜尋到年輕女生的美腿。

■ **內心覺得太太是膚淺的生物**
正所謂彼此彼此。

■ **以前多少有肌肉**
以前指的是十幾歲的時候，現在說是手無縛雞之力也不為過，連瓶蓋都打不開。

■ **腸胃不太好**
動不動就吃壞肚子，但給他吃擺了一陣子的食物卻意外地沒事（但不能跟他說）。

■ **一有機會就躺下**
在家時基本上是一尊佛像。是打算要開悟嗎？

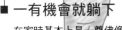

【涅槃像】呈現釋迦入滅（解脫）姿態的佛像。

除此之外，還有這種特徵！

有潛在的競爭・戰鬥本能

3歲就熱中於英雄戰隊，國高中時期熱愛有戰鬥題材的少年漫畫。長大成人後，若是能將這個競爭本能發揮在晉升之路倒還好，但卻藉由電玩、賽事或賭博滿足本能後無疾而終。不是叫你抓怪，是要抓住工作機會啊！

老公的腦內

面對老公各式各樣不可思議的言行，想必有許多太太怎麼猜也猜不透，想敲開老公的腦袋探個究竟。看來腦部結構似乎不大相同喔。果然是這樣～

■ **用最快的速度導出結論**

老公希望能用最快的速度導出結論，因此對話總是很快就結束。在漂亮解決事情後心滿意足的老公身旁，「想多說點話」的太太經常有欲求不滿的傾向。

■ **比起感性，更偏向理性用事**

夫妻間的對話需要的不是道理，而是感情啊……。

■ **仰賴數據**

什麼都想分析，拿出數據就會被說服。

■ **缺乏情緒性感情**

覺得無法有共鳴、老公不夠體貼，是因為這個原因嗎？

連接左右大腦半球的神經纖維束，是左右腦訊息交換的橋梁。（→參考下一頁）

■ **對頭銜沒有抵抗力**

一看到「美國太空總署使用」就會立刻買下。

老公喜歡(擅長)的東西・討厭(不擅長)的東西

當然會有個體差異。

嗯……跟我完全相反呢……

喜歡
系統　結論
電視　例行工作
　法則
零食
碳酸飲料　目的
　秩序
決勝負　機器人
電玩
賽事

討厭
沒有結論的話題
過程　變化
對身體好的食物
臨機應變
手段
愛情類題材

原因似乎是出在胼胝體的粗細

胼胝體連接左右大腦半球，掌管訊息交換。
有說法指出男性胼胝體的橫切面積較女性小。
女性在使用左腦說話時，能同時使用右腦融入感情
或想像力（所以廢話也很多）。相較之下，男
性左右腦的連動較為薄弱，因此在說話時，
比起共鳴或情緒，會比較偏向理論或分
析，之所以無法一心多用也是這個原
因。這是為了打獵或戰鬥時能專注於眼
前事物所必備的機能……人類不需要打
獵已經過多久啦!?趕快給我從猴子進化
啦!!

左腦　右腦
言　語　五　感
思　考　靈　感
理　論　情　緒
分　析　想　像

無能老公的誕生與進化？

趕快給我從猴子進化啦！話雖如此，仔細一看猴子的期間還真長!!而且男性從「狩獵·戰鬥」中解放出來，其實也不過是不久前的事呢～進化的速度還沒跟上也是無可奈何!?

偶爾也抓隻猛瑪象回來啊！

南方古猿太太

2300年前

● 彌生時代老公

開始有聚落的形成及稻作活動，聚落間也開始有戰爭。
由於是母系制度的訪妻婚，因此女性的地位應該頗高。
不但要打仗，女性的地位又比較高，算是挺可憐的老公。

1萬年前

● 克羅馬儂人老公

和現代人同為智人。會使用道具，也有埋葬死者的習俗。
打獵沒帶獵物回家就會被視為無能老公。

● 南方古猿老公

據說是由一隻雄猿和數隻雌猿組成家庭。無法留下強大的遺傳基因就會被視為無能老公。

200萬年前

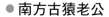

● 現代老公

雖然沒有生命危險，但卻是男人史上首次被要求具備未知領域的技能——做家事和育兒，當然也會被要求交出薪水！就某種意義而言或許是個受難的時代。

● 戰國時代老公

進入真男人時代，
然而可說是與死亡為伍。
不拚死在戰爭中立功就會被
視為無能老公。

● 高度成長老公

只有經濟成長而已，老公並沒有隨之高度成長。
無法賺錢養家就會視為無能老公。

現

明昭
治和

江戶時代

1000年前

● 老公大人

江戶～昭和初期為男尊女卑的時代，因此男人無論多麼無能都是老公大人。

2300年前

● 平安時代老公

雖然是男性社會，但訪妻婚制度依舊存在。
除了要出人頭地以及有志氣，還要精通和歌
（文才）或管弦（音樂品味）等藝術層面的
技能，不然就會被視為無能老公。

1萬年前
現代

一起來觀察！

老公的行為雖然屢屢讓人感到不爽，但是退一步分析之後，是不是開始覺得有點意思了呢？

咦？不覺得嗎？

真是奇怪，我都追溯到猴子時代了說。

不然我們再繼續觀察看看吧。

寫個觀察日記應該也滿有趣的……不會嗎？

在阿爾塔米拉洞窟裡寫老公觀察日記的克羅馬儂人太太。

可以在這些地方發現老公唷！

凌晨3點的客廳

不知為何比起在房間睡覺，更喜歡在客廳假寐，即使勸他回房間睡也無動於衷。

隔天演變成背痛或感冒都是預料中的事。

唔……唔

電視前

呆——

兒子
也一樣→

老公的活動時間

只要沒有社會限制（上班時間等）基本上是夜行性生物，白天動作會變遲緩。

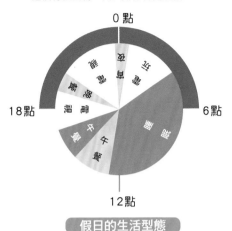

假日的生活型態

試著捕獲他吧！

老公最喜歡漫畫、零食或碳酸飲料！只要設個陷阱就能輕易捕獲唷！

※由於存在個體差異，喜好可能有所不同。如果用以上誘餌抓不到的話，不妨試試看其他東西。

全神貫注於電視，跟他說話也不會有反應。

廁所中

一進去就待很久都不出來。
心想他到底在幹嘛？結果竟然是在看漫畫or打電動。
隨著智慧型手機問世，時間有拉長的傾向。

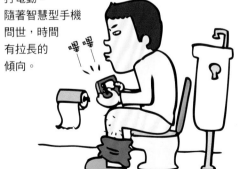

無能老公分布圖

下個章節開始將介紹各式各樣的無能老公。
然而世界各地想必仍棲息著
本圖鑑沒記載的無能老公。
如果發現的話，請向無能老公學會檢舉。

一板一眼的老公

分身乏術的老公

體弱多病的老公

心靈極度脆弱的老公

溝通能力不足的老公

採買技能極差的老公

沒用老公大陸

0度

愛作夢的老公

困擾老公諸島

016

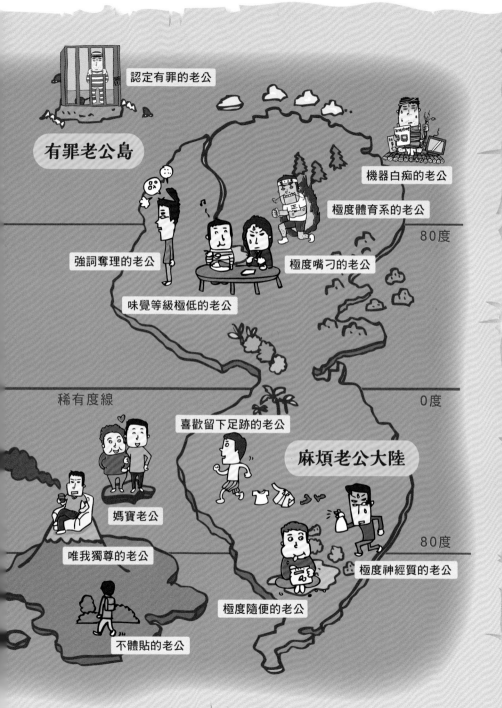

認定有罪的老公

有罪老公島

機器白痴的老公

極度體育系的老公

80度

強詞奪理的老公

極度嘴刁的老公

味覺等級極低的老公

稀有度線

0度

喜歡留下足跡的老公

麻煩老公大陸

媽寶老公

唯我獨尊的老公

80度

極度神經質的老公

極度隨便的老公

不體貼的老公

關於吵架

俗話說「打是情罵是愛」、
「夫妻吵架連狗都不理」，
但是就我和我老公來說，
從來沒有一次藉由吵架
讓事情好轉的例子---
兩人的論點就是非常地不一致。
入口明明只是一件微不足道的事，
一旦踏入後，
前方便是個沒有出口的暗黑迷宮。
無法達成共識的無意義爭論
讓兩人精疲力盡，
最後得出的結論
只有「無法理解對方」而不了了之～

禁止進入 危險
前方是不毛地獄。

我的結論。

夫妻還是不吵架為上策。

不要鑽牛角尖！不要窮追猛打!!

順帶一提，目前為止最大的暗黑迷宮入口是
「納豆分一半吃」…無聊透頂！

第 2 章

各式各樣的
無能老公

Iroiro na Dame Danna

心靈極度脆弱的老公

Mental ga yowasugiru Danna

 **太太見聞錄!**

- 一下雨就取消外出行程,你是貓嗎!?
- 資格考試考不過就不會再考第二次「是考題出得不好,跟我不合。」把責任轉嫁給考題,你只是沒有勇氣反省自己書讀得不夠吧!

說得好聽是「心靈脆弱」，其實就是「沒用」。

連續遇到幾個紅燈就覺得「我今天運氣可能不太好」（不過就是剛好而已）。一發現自己吃到過期的東西就覺得「肚子好像隱隱作痛」（我常常偷偷讓你吃過期的東西，你可是好端端的沒事呢）。工作場所有人得流感就覺得「關節無力、好像發燒了」（但量了之後體溫正常）。去國外旅行連跟當地人問個路都辦不到（不是英文能力的問題）。健康檢查結果稍微有問題就覺得「我好像活不久」（這種人通常會活很久）。不過是隻蟑螂，你那是什麼孬樣！殺蟲劑噴過頭了吧！蟑螂早就死了啦！

明明有句諺語是「男人跨出屋外就有無數試煉等待著」，但一家支柱居然這麼懦弱，沒問題嗎？咦？在屋外就沒問題？那為什麼在家不行呢？啊，因為老婆太強悍了，原來是這樣～！……還不是因為你太沒用，我才不得不堅強起來啊！

給我振作點！

 傾向與對策

　　不妨匯聚妳心中的母性本能，把老公看作是「笨兒子」吧。妳看～看起來是不是很可愛……才怪，果然不可愛。

體弱多病的老公

Byoujyaku sugiru Danna

👀 太太見聞錄！

● 竟然把打瞌睡說成「失去意識」，可以不要用這種生病般的字眼嗎？
● 全家得到流感一起掛點時，老公最先倒下卻最後才復活。做家事的我（發燒中）收到來自病床的老公所發出的感謝簡訊，真是悠哉得令人稱羨啊。

正確來說應該是「裝重病的老公」。如果真的生病，我多少還會湧現同情之意，但不過就是37度多一點的輕微發燒，還上演一齣快要往生的短劇，看了只覺得火大。

　　這特徵不光是看起來就很弱的草食系老公才會有，連體育系的健壯老公也很常見。平常那過剩的精力跑哪兒去了？不用每隔30分鐘就量一次體溫啦！

　　……然後，半夜演變成這種情況也是預料中的事。

　　原因沒有別的，純粹就是白天睡太久了。趕快給我滾去睡覺，明天去上班啦！

傾向與對策

　　男人這種生物不光只是生病，就連受個小傷或流血，也會受到令人傻眼的精神打擊。你們的確無法生小孩呢，我深深領悟到男女間的性別差異，只能說這是與生俱來的本質。

分身乏術的老公

Ippai ippai ni naru Danna

👀太太見聞錄！

● 小孩肚子痛叫救護車，救護人員問「幾歲？」，他居然回答「33歲！」，誰在問你的年齡啊！

● 無法看有字幕的電影。同時兼顧畫面和字幕似乎很困難。

● 分身乏術當機就算了，有時還會惱羞成怒，自己把自己逼入死角。

就連傳統手機也有裝載多任務處理功能，但老公們無論過了多久都還是只有單一任務處理功能，容量少成這樣究竟是怎麼一回事!?

看電視的時候耳朵完全關起來。到底是多好看的內容啊？一看畫面居然是廣告！老公在折衣服時跟他說話，他卻回「等下再說」，這麼簡單的工作哪需要用到耳朵加腦袋啊！（雖然我很感謝你幫我折衣服！）

同時交代三個以上的行程就會輕微短路。「不要一次說這麼多，可以幫我用簡訊條列出來嗎？」，你的腦是幾位元啊!?

諸如此類的情況常常讓人覺得「你是白痴嗎？」，但其實不然。因為據說男性同時處理多件事的能力普遍不如女性，但是當他們的腦袋全神貫注於一件事的時候，就會發揮驚人的真正價值……一定是這樣沒錯。（←希望）

✎ 傾向與對策

順帶一提，一起看電影或連續劇時，女生總會開口想討論內容，但這種行為男生似乎無法理解，原因是因為想專心看。但就女生的角度而言，既然兩個人一起看就會想要同樂嘛。

溝通能力不足的老公

Communication fuzen na Danna

我想喝茶

老公語翻譯機

這種事是不會用嘴巴說嗎…

👀太太見聞錄!

●給自己爸媽的賀年卡好歹也寫點字吧?將卡片遞給老公後,他煩惱了30分鐘,最後在「今年也請多多指教」的印字旁邊寫了一模一樣的話。有必要嗎?
●好歹說聲「早安」吧!!
●什麼都要用簡訊連絡,你那張嘴是幹嘛用的!!

為何名叫老公的生物溝通能力會如此地差呢？首先，他們基本上不說話。對他們而言，在家「對話」的重要程度驚人地低，大概等同於「寶特瓶回收」（一週一次就夠了，忘記就下個禮拜再丟吧，反正也不會臭掉）。即使不得已單方面跟他說話，他也總是左耳進右耳出。好不容易成功對話，卻又總是意見不合，更無法領悟話中的意圖或真意。「察言觀色」的能力對他們來說簡直是超能力等級，結果他們居然覺得「不說太太也會懂」，著實令人震驚。到底是哪裡來的自信？我們可沒有要好到可以用心電感應溝通耶。

　　總之，溝通能力的程度在愛犬之下。以前有玩具廠商發明一種可以從狗叫聲解讀心情的玩具，請務必連帶發明可以解讀老公心情的「老公語翻譯機」，雖說我也不是很想聽他那些不必要的真心話。

 傾向與對策

　　令人火大的關鍵在於兩個人明明都是講中文卻無法溝通，乾脆將家裡的通用語改成英文算了。結果反而更不想講話。

一板一眼的老公

Oyakusyo Shigoto na Danna

太太見聞錄！

● 煮晚餐的時候突然覺得快生了，慌慌張張地趕到醫院生產。出院回家一看，廚房的時間居然靜止在一週前的狀態，炒菜鍋裡的東西也原封不動。

我的確是沒拜託你整理沒錯啦……。

● 打電話給在超市的老公託他「買牛奶回來」，他卻說「我已經在結帳了沒辦法」。你人明明還在收銀台啊!!

墨守成規，不知變通，只會按照說明書做事。交代什麼就只會一板一眼地照做，不懂得應用，既沒有想像力，也沒有創意與發想，當然更沒有服務精神，稍微發生一點非預期的事就無法應變。基本上根本不會接受委託……等等。是在說公家機關嗎？不，我是在說老公。

　　拜託老公「幫我看著小孩喔」，他就真的只有看著而已（連受傷的瞬間也認真地看著）。請老公「10分鐘之後關火唷」，結果鍋子裡的東西都噴出來還冒煙也置之不理（才過8分鐘而已啊！）。下雨了也不會把棉被收進來（妳又沒叫我做！）。讓人哭笑不得的例子層出不窮。

　　「這點事應該要懂吧？」或「你也機靈點吧」等概念完全無法套用在他們身上。「從1說明到10」是不夠的，不說明到15根本不會開始動作，相較之下，現在的公家機關還比老公懂得應變呢！

 **傾向與對策**

　　能力或工作態度受到肯定、被感謝、藉由工作獲得充實感……這些都是公家機關的業務改善運動的核心重點，果然也適用於老公改革嗎？

採買技能極差的老公

Kaimono Skill ga hikusugiru Danna

↑美生菜。

*「豬五花肉」的日文讀音同「豬玫瑰花」。

👀太太見聞錄！

● 拜託他去買「豬肉薄片」，他竟然問「薄片是指幾公釐？」。
● 無論過多久都無法分辨韭菜和蔥。上面不是有寫嗎!?

● 拜託他去買「茼蒿」，他卻說「只看到春菊」，就是那個啊!!

光是他肯幫忙買東西就要謝天謝地了。但是，美生菜、里肌肉和玫瑰花是要怎麼做大阪燒啦!!

　　不僅如此，有的強者受託去買太白粉，卻買了一公斤業務用大包裝回來，到底想要勾芡勾多稠啊！

　　如果是「我家寶貝大冒險」的小朋友，這種達程度還算值得嘉獎，但他都是個老大不小的大叔了，這種達成度實在是……而且他竟然還散發出濃濃的「快點誇獎我」的氣息。

　　雖然想說的話多到數不清，但當下還是要先把心靜下來，對他表達感謝之意。接著，不妨傳授他「不懂的時候就問店員」的絕技吧。只要他肯幫忙去買，總有一天他一定也可以成為購物達人的，大概。

　　腦中浮現這首主題曲：別意志消沉啊BABY～♪。是說給老公聽的？不，是說給我自己聽的。幹得好啊我……。

 傾向與對策

　　就是因為把他當成老公才會火大。有時候不是會看到脖子上掛著購物袋的黃金獵犬嗎？當作是養那種狗就好了。發揮彈塗魚先生寬容的胸襟摸摸他的頭說：「好棒好棒好棒！」

歌詞：B.B.QUEENS

機器白痴的老公

Kikai Onchi na Danna

👀太太見聞錄！

● 基本上光是看使用說明書就會陷入混亂。

● 電腦只要被老公一碰就會當機或自動關機，看來電腦也不是很喜歡老公。

● 不知是否因為自尊心作祟，總是不肯輕言「放棄」，把組裝一半的東西放到隔天。很礙事耶!!

是啊，機器白痴的男生一定也是有的。就像女生被擅自定型為「喜歡小孩」或是「會煮飯」而感到困擾萬分一般，「男生對機器很在行」的刻板觀念，一定也讓許多男性想要反駁「不是每個男生都是這樣！」。

　　不過，就太太的心聲而言，新買的電視或電腦的接線工作，還是希望能交給老公來做。將那些令人摸不著頭緒、色彩繽紛的電線迅速接上，把電視搞定，讓太太佩服一下啊！漂亮地開通網路，讓太太重新愛上你啊！這可是現代社會中難能可貴、讓男性一展長才的大好機會！

　　……然而，雖然賦予他扳回一城的機會，但左盼右等，卻還是只等到沒有畫面的電視和連不上的網路。到底想讓我們家處於資訊孤島的狀態多久啊？夠了，我自己來弄，說明書拿來！你去組裝櫃子！什麼？手指被夾到了？誰管你啊!!!

✎ 傾向與對策

　　不擅長也是無可奈何，只會浪費時間而已，妳就死了這條心自己拿說明書來看吧，善用業者的到府安裝服務也是個辦法，費用當然是從老公的零用錢扣囉。

強詞奪理的老公

Rikutsuppo sugiru Danna

👀太太見聞錄！

● 對著在玩印地安人遊戲的女兒（3歲）說：「應該叫他們美洲原住民。」「一個〜兩個〜三個美洲原住民♪」超難唱！

● 主張「巧克力在古代是一種藥」，似乎是想要說服自己因為對身體好，所以吃多少都沒關係。怎麼可能啊!!

吃飯的時候糾正他不要抖腳，萬萬沒有想到會被迫聽了將近30分鐘的辯解。聽完之後也不可能回說「原來是這樣啊～那也是沒辦法的事呢♪」，這應該是你說一句「對不起」就能解決的吧？

　　「邏輯性思考」是比較好聽的說法，但強詞奪理、扯東扯西，死都不肯承認自己的錯誤，真的是麻煩透頂！

　　論點一旦被戳破就惱羞成怒，以至於踩到太太地雷的愚昧之人也不少，連太太的憤怒指數正在逐漸飆漲也沒發現。

　　好比常會聽到的問題「我和工作哪個比較重要？」（問這種問題的女人也很糟）所象徵的一樣，明明問的是感性的部分，男人卻總是做出多餘的邏輯性回應來激怒女人。「妳當然也很重要，但是我現在負責的案子正面臨是否能談成大筆生意的關鍵時刻劈哩啪啦……」講這些道理要幹嘛啊？我想聽的可不是你的工作內容。

 傾向與對策

　　「我想說的不是這個」，即使想導回正題，老公依舊是一副無法理解的模樣。繼續聽下去也只會對彼此的意見不合感到更加焦慮，左耳進右耳出或轉移話題才是上策。

極度體育系的老公

Taiikukaikei sugiru Danna

太太見聞錄！

● 覺得很冷想要買暖爐，他卻說：「丹田（肚臍下方的穴道）用力就會發熱，身體就暖和了。」不，還是很冷啊。

● 就算是寒冬，皮衣下面還是穿短袖，真沒季節感～。

精神飽滿是好事，但總之就是熱血得要命！講話好吵好大聲！動作又過於激烈！明明在寒冬穿著短袖，為什麼會滿身大汗？我偶爾也想搭公共交通工具，而不是騎腳踏車旅行啊。難得搭電車，卻一定要買「青春18車票」。也對，你的確無時無刻都血氣方剛呢。

　　「愛」與「正義」是他最喜歡的詞，無論什麼事都想用精神論來解決，但這個世界可沒那麼單純。有糾纏不清的愛，也有立場不同正義就跟著換邊的不合理。年紀明明大到早該認清這些事實了，想必你一路走來的人生有多麼地幸福順遂。如果互毆感情就會變好的話，就不會有巴勒斯坦的問題了啦。

　　才想說精神飽滿是你唯一的優點，關鍵時刻卻又玻璃心原形畢露，一點意義都沒有!!

啊啊啊啊啊啊　目…目

舔一下就會好了啦！

　✎ 傾向與對策

　　雖然真的是熱血得要命，有時也會因為他的頭腦簡單而感到火大，但不能否認那種積極的態度確實是種優點。如果能把那多餘的能量用來發電之類的就好了。

極度隨便的老公

Zatsu sugiru Danna

👀太太見聞錄！

● 沙發坐下去覺得沙沙的，結果竟然在縫隙裡發現一堆柿種米果。是在播種嗎？這樣不會發芽長出柿子，只會發霉唷。

● 把醫院廁所的拖鞋穿到等候室去，被糾正卻說「還不都一樣」，對啦，形狀是一樣啦！

其實是無所謂啦，但是只要一開始注意老公的各種舉動就會沒完沒了。喂！給我等一下！

　　襪子不要反著就丟進洗衣機！不要用拿過零食的手碰玻璃窗！不要把青豆飯弄成生蛋拌飯！而且你剛剛是不是把蛋殼也一起拌進去了？今天吃的明明是日式的菜，有需要美乃滋嗎？筷子可以不要牽著納豆絲還去夾大盤子裡的菜嗎？杯子裡的咖啡牛奶還沒喝完就拿來裝茶是怎樣？上完廁所洗手只花兩秒到底是可以洗掉什麼？而且究竟要怎樣洗才可以把洗臉台噴得這麼濕？不要用衣服擦手！你是小學生嗎？喂！剪指甲撒得到處都是！那是我的牙刷!!你該不會偶爾拿去用吧？……丟掉。水面上好像漂浮著什麼，原來不是小孩弄的，是你邊泡澡邊吃美味棒掉的碎屑啊!!!!

　　……呼、呼。是我的心胸太狹窄了嗎？應該不是吧？

 傾向與對策

　　在叢林中遇難或是人類瀕臨滅亡的危機時，能夠倖存的就是這種人。那個時候妳一定會很慶幸有跟他結婚。嗯？妳根本不想遇到那種事？說得也是。

極度神經質的老公

Shinkeishitsu sugiru Danna

太太見聞錄！

●一回家就在玄關換掉整套衣服，總之就是覺得外面的世界很髒的感覺。

●坐他的車要脫鞋。車上是家裡嗎？

●除菌噴霧消耗的速度超快，不管什麼東西都要除菌、殺菌，感覺抵抗力反而會變弱……。

雖然極度隨便的老公不甚理想，但俗話說過猶不及，和過度神經質的老公一起生活也是有其痛苦之處的。

　　所有的東西都要放在固定的地方，稍微歪了一點也不容許。毛巾或內衣要依照材質或形狀分類、排列整齊。襯衫要燙成他堅持的形狀。一看到垃圾就馬上用滾輪（膠黏的那種）或松居棒黏起。對洗衣或打掃的方式也有他的原則，什麼都要插手檢查一下。智慧型手機剛買時附的螢幕保護膜當然是貼著不撕掉。遙控器也要用防塵套，電視螢幕絕對不容許沾到指紋。定期檢查冰箱，保存期限超過一天也不行。配菜一天要吃30道，飯一口要嚼100下……呼、呼，不覺得這個家的空氣很稀薄嗎？一起生活讓我喘不過氣，我可以把窗戶打開嗎？咦？細懸浮微粒會飄進來，所以不能開……？

 傾向與對策

　　這種天性是無法完全隱藏的，因此在結婚前應該或多或少可以察覺。如果對自己的隨便相當有自信的話，最好重新考慮是否要結婚。不過步入婚姻共同生活後，漸漸妥協的老公也很多，用愛與神經大條來強硬地貫徹自我，也不失為一個方法。

味覺等級極低的老公

Mikaku Level ga hiku sugiru Danna

牛肉燴飯。

👀太太見聞錄！

● 在能分辨鰻魚和星鰻之前，沒資格去不會旋轉的壽司店。

● 情人節收到某高級品牌的人情巧克力，拿一大包滋露巧克力跟他交換，他居然開心地接受了。價錢大概差了七倍吧。

就算把燉牛肉淋在飯上端到他面前，應該也會得到同樣的評語。

話說「咖哩」本來就是形容「醬汁、湯汁、燉煮料理」的詞。

這麼說來老公的發言其實也沒錯……但我指的不是這個問題。

世界上有太多味覺像小孩的男性了。喜歡的食物是「咖哩、炸雞塊、漢堡排」，你是小學生嗎？

馬鈴薯沙拉（淋上大量美乃滋）在可接受範圍內，但豆腐沙拉就完全無法接受。（凱撒沙拉少了半熟蛋也會突然心情低落）

「想抓住男人的心就要用馬鈴薯燉肉」，這個自古流傳（？）的說法實在是令人感到非常地懷疑。

各位單身女性們，想抓住男人的心，給他吃咖哩豬排飯就夠了。

傾向與對策

這種類型的老公會讓每天努力做飯的主婦們感覺得不到相應的回報。難得聽到他大力稱讚「這個好好吃！」，竟然是在稱讚買回來的現成熟食。這樣啊，原來比起我親手做的菜，超市買回來的限時特價料理還比較合你胃口呢。不過跟一些嘴刁的老公比起來，要說輕鬆也是挺輕鬆的。看看第44～45頁，嚥下心中的不滿吧。

極度嘴刁的老公

Yatara Gourmet na Danna

👀太太見聞錄！

● 一到過年，就盡買些烏魚子、魚翅、新卷鮭等高級食材。

● 去外面吃飯時，一直想跟主廚高談闊論食材或調理法。既煩人又丟臉，希望他別這樣。

如前頁那樣味覺幼稚的老公很多，但由知名的料理人多為男性一點即可明白，這個世界上也有很多擁有優秀味覺及料理品味的男性。然而，如果擁有這種特質的是妳的老公，其實相當地麻煩。

化學調味料的味道太重、煮過頭、湯頭差強人意、太鹹、少一味，評論家型的老公彷彿不說句毒舌評語就不甘心。我想吃現炸的天婦羅，所以要吃的時候再幫我炸；傍晚的特價生魚片不夠新鮮不好吃……自以為是的老公讓人不禁想吐嘈：你以為你是誰啊？少囉嗦！這裡可不是料亭！要求這麼多的話付我服務費啊！

順帶一提，評論家型的老公有很多都是為了妳好才這麼說的。「這邊改進一下會更好」……為什麼擺出一副上對下的姿態啊！

傾向與對策

不妨試著讚美老公，順勢把煮飯這檔差事推給他，並把每週兩天訂為男人的料理日。不過，不把他捧上天他又會不爽。啊～麻煩死了。

喜歡留下足跡的老公

Sokuseki wo Nokoshitagaru Danna

👀太太見聞錄！

● 茶或咖啡喝了就把杯子放著，下次要喝的時候又再拿出新的杯子喝完又放著。在哪裡喝了幾次什麼都一目了然。

● 一定會有哪個電源開著不關。坊間明明這麼極力地在宣導節約用電的觀念⋯⋯。

從玄關通往客廳的路上，散落著老公的各種行動所留下的痕跡。襪子或衣服脫掉就亂丟、門開了不關、燈開了不關、抽屜開了也不關……。即使不是警犬，也能對老公回家後的行動順序瞭若指掌。

就算叮嚀他「不要放著不管」、「不要開了不關」，他也只會狡辯說「我只是先放著而已」、「反正等下還要用」。雖然你「只是先放著而已」，但可以請你不要放在這裡嗎！

什麼都要碎唸，覺得自己愈來愈像個愛嘮叨的老媽，對自己心生厭惡。我可不記得我有生出這樣一個大個子又愛強詞奪理的無能兒子。

如果不想一直嘮叨的話，雖然很不情願，但「張貼紙條作戰」可以產生一定的效果。在看得見的地方用大字清楚地寫上「脫掉的襪子丟進這裡」、「抽屜每次打開都要關好」……這裡是小學嗎!?

 傾向與對策

如果連張貼紙條都不想，那就只有「放棄」一途了。反正碎唸他也不會改進，不妨安靜地善後吧，記住，要安靜唷。嘮嘮叨叨……我絕不會把我兒子教育成這樣……嘮嘮叨叨……。

愛作夢的老公

Yumemigachina Danna

👀太太見聞錄!

● 想提早退休、買別墅、過著專注於自己嗜好的老年生活。問他資金從何而來?他卻說「我打算靠炒股大撈一筆」,真是不切實際。

● 興趣是陶藝,當事人覺得會大賣。我該何時向他坦承,其實我曾經偷偷拿去跳蚤市場賣,但即使賣100圓也賣不出去的事實呢……?

結婚前明明那麼陶醉於聆聽男友述說自己的夢想，但為何結婚後，懷抱夢想的老公會令人如此厭煩呢？答案很簡單，因為攸關家計。每每聽他說要脫離上班族開一家餐廳，總是讓夫妻間的溫度一口氣下降10度左右，你不知道養小孩要花多少錢!?

而且他們的理由通常都是些一時興起的動機，諸如「我對拉麵的熱愛愈來愈強烈，想開一間有自我風格的究極拉麵店」，或是「對咖啡如此講究的我，想開一間有自我風格的咖啡店」。無任何具體計畫，更沒有事先計算成本或做市場調查，然而（正因為如此？）不知為何他們的頭腦居然簡單到只描繪了成功的劇本。

如果是獨立創業還說得過去，說什麼想重拾歌手或棒球選手的夢，這對老公而言是夢想，但對太太而言可是夢魘。如果你說什麼都要去追夢的話，請先在離婚協議書上蓋了章再去，我會默默地替你的夢想打氣的。

✏️ **傾向與對策**

有些時候他們只是單純受夠了上班，想逃避現實而已。不妨提醒他週休二日、特休及年終獎金都會化為泡影，有不少老公會瞬間找回自我。喂，要作夢給我晚上再去作。

唯我獨尊的老公

Oresama sugiru Danna

太太見聞錄！

● 因為愛上他的大男人才跟他結婚，但自從他用筷子敲著杯子♫說「給我倒茶」的舉動激怒我之後，立場就轉變了。

● 不把飯菜全部擺好就說「吃飯囉〜」的話，他就會回說「不是還沒好嗎？」，完全不會想要幫忙排碗筷。

少女漫畫裡常見的男友角色中，與溫柔的白馬王子勢均力敵的，就是「帶點壞心眼又唯我獨尊的角色」了。對於有點M性質的女生來說，那壞心眼和不時顯露的純愛表現所帶來的反差，可是會讓她們小鹿亂撞到無法自拔。

　　對這樣的S型男生感到意亂情迷的少女時代過了幾年後，終於和S型青年結了婚。雖然不是少女漫畫等級的帥哥，但也算是自己的菜，那傲嬌的反差真是讓人心癢癢啊……的心情只限於一開始。我喜歡的可不是成天雞蛋裡挑骨頭、愛擺架子的中年老頭啊。在小孩、婆婆或朋友面前炫耀般地羞辱太太，兩人獨處時卻又依賴得跟什麼一樣，的確是傲嬌沒錯，但總有種令人火大的感覺。而且不知為何總是站在「我在教育太太」的立場。該被教育的是只會擺架子，自己一個人什麼事都做不來的老公才對。什麼？叫我去買烤雞串？你以為你是誰啊？喔對，是唯我獨尊的大爺。

✎ 傾向與對策

　　不管怎麼說，能夠和唯我獨尊型老公處得來的太太就是厲害!!其實說到底，唯我獨尊的老公們全是因為有肚量這～麼大的太太當靠山，才能耍盡威風。只要太太一不在家，「不知道紅茶放在哪裡～♪」的場景可想而知。不妨偶爾離開家，讓他意識到妳的重要性吧。

歌詞出處：槙原敬之「もう恋なんてしない」

媽寶老公

Mazacon Danna

👀太太見聞錄！

● 四十多歲了還在叫「媽咪」……抖抖。
● 只穿媽媽幫他選（買）的衣服。
● 全家外出時，婆婆打電話給老公說

「我想去買衛生紙」，老公居然就取消原定計畫去幫媽咪跑腿，令人費解。這種事自己一個人也可以去吧!?

對有養育之恩的媽媽溫柔體貼的確是種美德，而且人家說，不管是哪種男人基本上都有戀母情結，但還是要有個限度啊！

吃到好吃的東西就說「真想給老媽吃吃看」，看到房屋出售的傳單就指著說「這個房間要給老媽住」，跟他討論孩子的教育問題他就回說「這時候如果是我媽的話……」，簡直三句不離老媽。

話說結婚當天，不知為何婆婆比當新娘的我還要搶眼。小孩的名字為什麼是婆婆決定？母親節時絞盡腦汁思考要送媽媽什麼禮物，但我的生日有送我什麼嗎？是說你還記得我的生日嗎？計畫旅行時也是以婆婆為最優先考量。每次都去洗溫泉，我跟孩子都要泡爛了!!

雖然我知道這樣不對，但我可以趁這個機會大聲說出來嗎？

嘶～（吸氣）噁心死了!!!

傾向與對策

如果把太太和孩子看得和老媽同等重要的話，或許還不會那麼介意。話雖如此，無法忍受老公的戀母情結，卻希望我可愛的兒子能夠把我放在第一位，千萬要小心別被壞女人給騙了啊!!……結果自己也步上了媽寶老公媽媽的後塵嘛！

困擾型老公

不體貼的老公

Omoiyari ni kakeru Danna

太太見聞錄！

●老公早上出門上班忘記帶東西，我連忙追出去。明明知道我在追，也不走慢一點或停下來等我。一路追趕○分鐘前出門的老公到車站需要時速幾公里……沒想到追趕計算題居然有身體力行的一天。

第2章　各式各樣的無能老公

明明一起出門，卻頭也不回地一個人先走。在電車上自顧自地找到空位就坐下，也不幫忙拿重的東西。為什麼只買了自己的咖啡？對著寒冬夜晚在陽台曬衣服的太太說「很冷耶，窗戶要馬上關起來啦」，我可是在曬你的內褲耶！「害喜不是病」這句話我一輩子都不會忘記。太太發高燒連一句關心的話都沒有，只得到一句「可別傳染給我」，都快要萌生殺意了。

他們似乎沒有惡意，但遲鈍就是一種罪。或許都是些微不足道的事情，但日積月累的不信任感比聖母峰還高，夫妻之間的裂痕比馬里亞納海溝還深。

雖然夫妻終究不過是外人，但我的老公卻比一般路人還更不值得信任。假設在森林裡遇到熊，你鐵定會把我當成擋箭牌逃走對吧？啊，是說在森林裡你也不會跟我並肩而行吧。

✎ 傾向與對策

很遺憾，遲鈍是沒有藥醫的，想必他連自己哪裡做錯都不知道吧。不過太太在老公感冒的時候，第一個念頭也不是擔心，而是脫口說出「不要傳染給我」，也算是有半斤八兩的地方啦。

認定有罪的老公

Yuuzai Kakutei no Danna

如果妳的老公，

・會使用暴力
・四肢健全卻不工作
・不斷地外遇

那他不是「無能老公」。

是以社會角度而言也被認定有罪的無能男人。而跟這種男人繼續婚姻生活的妳也是無能女人。

他不適合結婚，儘早放生他吧。建議妳鼓起勇氣跟他分手，另覓其他無能老公。

咦？妳說妳想找ＯＫ的老公？那種東西就算妳找到世界的盡頭也不可能找到的。如同這個世界上沒有完美的人一樣，所有的老公都是值得被愛的無能老公。

無能老婆的 告解室

對不起，把冰箱裡的**舊食材**
搞得像是**以年代分類的
地層**一樣。

真是

對不起，總是把
不新鮮的食材
給**老公試毒**。

對不起，把家裡搞得**快要變垃圾場**。

對不起，信用卡的
繳款金額很驚人。

緊急時刻我可能會忘了你的存在。對不起，
只重視小孩和我自己。

對不起，老公**出差**的時候
其實我內心**超開心**。

不好意思。

對不起，我**發飆**的**時候**
其實有**七成**都是
遷怒。

對不起，
寫了這種書。

拚命  **謝罪。**

關於老公的不用心

就是即使剪了頭髮、認真化了個妝，
老公也完全沒發現。
嗯，這是常有的事。

向諸位老公詢問後，發現這似乎不是
用不用心的問題，而是
頭髮短了5公分，
或是睫毛長了1公釐，
到底又如何？

據說這樣 → 變成這樣 或是變成這樣時就會發現了。

並不是對太太不感興趣，
而是無論怎樣的小改變，
他們都覺得「妳就是妳啊」這樣？

嗯，總覺得有點強詞奪理。

也好啦，如果他會去注意「妳是不是
有點胖了？」或是「黑斑變多了」等
不必要的地方，也是挺煩人的⋯⋯

第3章

無能老公
動物園

Dame Danna Doubutsuen

請勿拍打玻璃

沉默貝

Danmari gai

雙殼綱扇貝科

　　平常就很沉默寡言，被問到對他不利的事時更是把嘴閉得緊緊的。堅持將自己關在殼裡，就連大風大浪或夫妻之間冰冷的溫度都能忍受。

　　領悟到自己無法在唇槍舌戰中敵過太太，因此選擇沉默抗爭，這我能夠了解。但最近連不是在責備他的普通對話他也悶不吭聲，究竟是為什麼？

　　喂～你有聽到嗎？你還有在呼吸嗎？

　　到底該怎麼做才能將他的嘴和心敞開呢？⋯⋯要試試看酒蒸嗎？

付錢鯊

Yomeni Kobanzame

輻鰭魚綱鱸形目鰤科

　　經常在假日的超市洄游。並不是要幫忙提東西，也不是有目的性的購物，放空地跟在太太後面是他的特徵。有時也可以觀察到他們渴望地偷看生魚片區的姿態。

　　只要少了他們，六日的超市就會顯得特別寬敞，請務必以礙事者的眼光看待他們。他們無法一個人看家，也無法代替太太去買東西，雖然都是個老大不小的成年人了。

　　但是在「雞蛋每人限購一盒」的時候，還是能派得上用場的。

假日樹懶

Kyuujitsu Namakemono

哺乳綱異關節總目披毛目樹懶科

一直到昭和50年代（1975～1984）左右為止，都可以在全國各地發現他的蹤跡。但是近年來隨著雙薪家庭的增加，他的招牌台詞「好歹假日的時候讓我悠哉一下嘛」失去了說服力，個體數正在逐漸減少中（取而代之的是擴大分布範圍的亞種「藏匿樹懶」）。

在家裡的棲息區域主要是在電視前。會將遙控器、衛生紙、手機、零食或飲料等必需品全部集中在觸手可及的範圍，一旦坐定就動也不動。開始心神不寧的時候就是想去上廁所的前兆。正想說他好不容易動了，結果待在廁所不出來也是常有的事。

夾心餅乾變色龍

Itabasami Chameleon

爬蟲綱有鱗目變色龍科

　　眼睛轉來轉去觀察四周，在太太和媽媽之間變換體色生存。

　　在太太面前毀謗媽媽，在媽媽面前毀謗太太，無論哪一方都想討好。此外，在太太面前裝作是已經脫離媽媽獨當一面的男人，在媽媽面前裝作是大男人主義的男人也是其特徵。他們扮演兩者間優秀的溝通橋梁的案例極少，由於只是為了撐過一時，因此完全無法解決問題，只是徒增夾心餅乾的感覺。也有在女人的戰役之中身心俱疲，忍不住投奔其他女性尋求心靈慰藉的案例。

　　但是這種安逸也只是暫時的，因為不得不變換三種體色的那一天遲早會到來。

日本男兒狼

Nihon Danji Ookami

瀕臨絕種物種　　　　　　　哺乳綱食肉目犬科

　　一直到昭和30年代（1955～1964）左右仍為數眾多地棲息在全國各地，是日本固有的肉食系大男人主義型老公。雖然聽說已經絕種，但現今仍有極少數棲息在各地的情報。導致其數量急遽減少的原因，可能是其視為獵物的草食系女生減少、視為天敵的肉食系女生增加、家庭結構核心化或景氣惡化等社會因素。

　　由於是肉食性動物，因此需要到外面奔走捕獲獵物。雖然在家裡的獨裁言行可能會給家人帶來困擾，但他畢竟是瀕臨絕種的物種，既然愛上他的狂野和他結了婚，為了物種存續，也為了少子化對策，請致力於保育他吧。

凶暴貓熊

Gyaianna panda

哺乳綱食肉目熊科

　　圓滾滾的身形加上慢條斯理的動作，總讓人覺得他是溫和動物的代表，但其實他生氣起來可是意外地凶暴。眼睛周圍有一圈黑色，所以可能很難看出來，但其實他的眼睛也沒有在笑唷。身為稀有品種的他自尊心相當高，有難搞的一面，請務必注意不要做出瞧不起他的言行。

　　由於竹子的數量很多，因此他基本上會將就吃一點，但從他的犬齒可以看出他原本是肉食性動物，有時候也會將不小心接近他的小動物一口咬下。不要因為他吃了肉就覺得「被背叛了！」，因為他可是熊的一種呢。

頭腦是雞

Atamaga Niwatori

鳥綱雞形目雉科

　　取這名字不是因為他會報時，更不是因為他會下蛋，純粹只是因為他的頭腦等級跟雞沒有兩樣，走三步就會忘記。拜託他「下雨要把棉被收進來唷」或是「明信片要拿去投信箱唷」，十之八九棉被會濕掉，明信片也不會到達對方手中。即使把垃圾放在玄關，跟他說「麻煩你倒垃圾」，他也會直接跨過去而不了了之。他沒有惡意，當然也不是生病，所以不必替他擔心，他只是沒有心要記得而已。面對這種頭腦是雞的老公，不妨放棄事前交代他事情，等要做的時候再說吧。兩步以內他會記得的，應該。

用愛關懷拉布拉多犬

Lovededo-zo Retriever

哺乳綱食肉目犬科

　　以「人畜無害」來形容再貼切不過的這種動物最喜歡太太，可以幫上太太的忙是他的榮幸。但令人遺憾的是，他並沒有那麼能幹。由於他不具備臨機應變或應用的能力，因此交代他的事他只會一板一眼地照做。如果想培育他做家事的本領，在他學會前必須非常有耐心地反覆指導，失敗時睜一隻眼閉一隻眼，稍微做得不錯就誇大其辭地讚美他吧。或許他至少可以學會怎麼洗東西（即使周圍噴得到處都是水，也絕對不可以罵他）。自己來還比較快？是這樣沒錯啦。

我當然愛妳浣熊

Of course Araiguma

哺乳綱食肉目浣熊科

特定外來物種

現今這個時代，據說每二十對夫妻就有一對是異國戀結婚，達令是外國人的情侶也逐漸增加。不僅有光鮮亮麗的外表，每天會在耳邊訴說多次「I Love You」、家事和育兒皆為夫妻分擔制、比起工作更重視家庭的這種動物，正在將缺乏示愛表現、比起家庭更重視工作的本土種老公慢慢驅逐當中。

然而關於飼養方面，也有報告指出有各式各樣因為文化差異而產生的問題。關於宗教或民族等話題尤其敏感，請特別小心。此外，飲食文化的隔閡似乎也很深。

坊間的

育兒男 似乎在增加中。

果然還是有很多事

會讓人忍不住覺得

人類的雄性 DNA 不具備育兒的能力。

就是很沒用
的意思… 小聲

鍥而不捨地努力培育，
還是可以把他教育成一個還算幫得上忙的助手，
但他終究是個助手。
（老公們本身應該也沒有想要成為育兒的主角。）

而且為什麼我教育小孩之外，
還要連老公一起教育啊？

不過，
雖然他 DNA 不具備育兒的能力，
但想到他那麼努力的模樣，
心裡還是會湧現
感恩的心情啦…

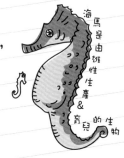

海馬是由雄性生產 & 育兒的生物

第 4 章

無能老公
偉人傳

Dame Danna Ijinden

釋迦牟尼

Buddha

【西元前 7 世紀～西元前 5 世紀左右　佛教創始人】

障礙出世了。

　　釋迦牟尼是佛教的創始人。他是釋迦族的王子，也有妻兒。據說妻子生下兒子時，早已下定決心要出家的釋迦牟尼認為兒子是他出家的障礙，因此曾說「羅睺羅（障礙）出世了」。話不是這樣說的吧！你該做的都做了當然會生出小孩啊！既然要出家就給我自制一點！而且還把這個詞取作小孩的名字！吐槽點多到數不完。嫁給了王子，丈夫卻拋棄剛出世的兒子、自己及王國，一個人逃脫……正確來說是出家。以一個丈夫來說的確是無能老公！

蘇格拉底

【西元前 5 世紀左右的古希臘哲學家】

請務必要結婚。
若娶到賢妻，你會很幸福。
若娶到惡妻，你會像我一樣成為哲學家。

　　怕老婆出了名，他的妻子珊蒂柏是惡妻的代名詞。據說他被妻子大罵一頓澆了桶水後，還若無其事地說「果然打雷後就會下雨」。不過，我不知道你是哲學家還是什麼東西，被罵了還不知悔改，盡說些屁話，不幫家裡賺錢，過著極度貧窮的放浪生活，有這種老公，誰都會變成惡妻吧？就算被潑水也是活該！……咦？還被潑了尿壺裡的尿？嗯……這也是活……該？（←的確有點令人無法接受）

伊達政宗

【1567-1636年　戰國時代的武將】

早晚餐無論好吃與否，都要稱讚並吃完。

戰國最時尚男子——政宗有獨眼龍和奧州暴坊之稱，據說也是「伊達男」一詞的由來。其實他的興趣是料理，據說仙台名產毛豆餡麻糬和凍豆腐都是政宗所發明的，但研發出食譜的地方不知為何是廁所，聽說關在裡頭好幾個小時都不出來。廁所的確是個令人放鬆的地方，但還是有種討厭的感覺。遺訓中特地留下了「早晚餐無論好吃與否，都要稱讚並吃完」這段話，難道曾經發生什麼讓他徹底學到教訓的事嗎？

W.A.莫札特

【1756-1791年　奧地利的作曲家】

●啊！●●啊！喔喔●●！
啊啊，多麼美妙的詞彙。……

　　莫札特是出了名的熱愛寫信，也是個作曲天才，能作出被譽為「天國般」洗滌人心的美麗旋律。想必寫出來的信也是相當文情並茂吧……但其實他是個開黃腔大王。寫給妻子的信裡情色內容滿載，寫給初戀情人兼表妹的信裡也充斥著●便、屁股、放屁等排泄類的低俗字眼（而且除了這些也沒別的了），還寫了首名為『舔我屁股』的曲子……光寫出來都覺得愚蠢！你是小學二年級的男生嗎!!!與其說是無能老公，根本是白痴老公吧！

湯瑪斯・愛迪生

【1847-1931年　美國的發明家】

……妳哪位？

　　這位發明王發明並改良了燈泡和電力系統等各式各樣現代生活中不可或缺的東西，我實在是不想這樣說他，但說穿了他就是個發明癖。雖然結了兩次婚，卻每天沒日沒夜地埋首於研究，放著妻子和孩子不管。據說結婚典禮和妻子的喪禮當天，他都還繼續著他的研究。由於過度專注於研究之中，居然對前來搭話的妻子說出令人感到遺憾的「妳哪位？」。除此之外還有用摩斯密碼求婚、將小孩的暱稱取作Dot和IDash（滴和答）等有如笑梗般的事蹟。

坂本龍馬

【1836-1867年　江戶時代末期的志士】

我女友把乙女姊當成親姊姊一樣，非常地想見她，真的。（意譯）

　　龍馬的母親很早就過世了，他不是媽寶而是個姊寶，非常喜歡從小教導自己武藝和學問的姊姊乙女。寫很多信給她是無妨，但就連女友或妻子的性格、生活點滴、甚至是蜜月旅行中發生的事都要逐一向她報告是怎麼一回事？而且這位乙女姊人不如其名般少女，反而有「坂本不動明王」之稱，是個身高175公分、體重130公斤的大隻女。姊寶老公加上如松子Deluxe般震撼力十足的「大」姑，做老婆的也真是難為啊!!

查理‧卓別林

【1889-1977年　英國的電影演員、電影導演、編劇家】

人生近看是悲劇，遠觀則是喜劇。

　　偉大的喜劇王——卓別林的搞笑中融入反戰和尖銳的社會諷刺概念，然而「蘿莉控」一詞的源頭其實就是他。三次結婚的對象都是未成年，其中兩次還把人家肚子搞大，心不甘情不願地奉子成婚。之後馬上對幼齒的妻子失去興趣、婚姻破裂，打了糾纏不清的離婚官司，可說是相當地不正經。而寫了超露骨爆料書的卓別林的第二任妻子——麗泰，被納博科夫當作雛形寫了小說《蘿莉塔》，成了蘿莉控一詞的起源。嗯，遠觀的確是喜劇呢。

Pablo Picasso

巴勃羅・畢卡索

【1881-1973年　西班牙畫家、雕刻家】

我的創作泉源來自於我愛的人們。

　　很多藝術家都是花花公子，而畢卡索也不例外。雖然只有結過兩次婚（什麼叫只有），但包含情婦在內，和他有過男女關係的女性中，有留名的就有九位。其中還有朋友的女友或婚外情，甚至是年齡相差46歲的婚姻。除此之外，還有人因為和畢卡索一同生活而導致精神崩潰，兩人在他死後跟著自盡殉情，一人拋下塵世成為修女，下場都十分悲慘，有種大家的精力都被吸光的感覺。或許為了藝術可以犧牲一切在所不惜，但他還真是個帶賽男！（對不起我講話很粗俗）

089

阿爾伯特・愛因斯坦

Albert Einstein

【1879-1955年　猶太裔理論物理學家】

現在這任妻子不懂科學，真令人開心。

　　二十世紀最偉大的天才果然也是無能老公。與工科大學的女同學陷入熱戀，求婚時對她說「我們結婚然後一起研究科學吧！」，結果婚後只有自己一個人埋首於研究，妻子則是放棄了科學家之路，成為被家事和育兒追著跑的家庭主婦。沒錯，就是有這種老公。而且把工作擺第一，棄家庭於不顧，對兩個兒子也十分冷淡，最後居然還家暴！這應該要輪到三野文太出場了吧!?之後跟妻子離婚，與表姊再婚後居然還說了上面那句話，真令人火大！

太宰治

【1909-1948年　小說家，代表作有《斜陽》、《奔跑吧，梅洛斯》等作品】

對不起，我不該出生的。

　　如您所知，他是玻璃心老公之王。藥物中毒、沉迷酒精、肺結核，自殺未遂四次（第五次自殺成功），其中有三次是和別的女人殉情，有一種「太宰太太，真是辛苦妳了！」的感覺。然而經歷過這些事，他竟然還在遺書中寫道「我愛妳比誰都深」。話雖如此，老公死後妻子靠版稅大撈一筆，聽說她在85歲過世時遺產有9億圓以上，反而很吃香嘛!?如果妳有這種想法，太宰可是在另一個世界說著「大家都是貪婪卑賤多慾之人」唷。

無能老婆 偉人傳

> 對不起，把尿壺的尿澆在老公身上。

蘇格拉底的妻子
珊蒂柏

蘇格拉底的妻子
珊蒂柏

> 對不起，跟丈夫的哥哥、姊姊吵架，兩～三個月沒回夫家。

坂本龍馬的妻子
阿龍

> 對不起，我揮霍無度。而且還因為這樣，害老公只能葬在不用花錢的公墓，對不起。

莫札特的妻子
康絲坦彩

嗶嗶嗶

第 **5** 章

無能老公
嗜好小屋

Dame Danna Syumi no Heya

烹飪 Ryouri

　　老公的興趣是烹飪，好棒唷～！旁人或許會這麼説。但是！這個興趣到底有多麼花錢，各位有所不知，比起來去外面吃還比較便宜。買那麼好的食材，當然可以煮出好吃的東西啊！好像又有什麼東西送來了。咦？羊腸香腸？你知道那個錢可以買幾盒平價香腸嗎!?

Golf 高爾夫

　　自己一個人跑去打高爾夫沒關係，但請不要說這是「工作」。真正在工作的時候，我可沒看過你這麼神采飛揚，而且小孩不知從何時開始會說「我爸爸的工作是打高爾夫」。如果要說是「工作」的話，請務必反映在業務績效或晉升之路上。看球！

馬拉松 marathon

馬拉松乍看之下是既不需要花錢又很健康的理想興趣，然而遠征各地馬拉松大賽所需要的花費可是不容小覷。那霸馬拉松？我們家可還沒有去沖繩旅行過。「希望父親努力的身影可以帶給孩子勇氣」，自以為在拍24小時電視，然而最後留在家人記憶中的只有你隔天肌肉痠痛、癱軟在地的身影。

第5章　無能老公嗜好小屋

Kuruma　車

　　結婚前老公把收入全部貢獻給車。在擁有了必須守護的家庭後，放棄跑車，含淚換成家庭房車這點令我十分感謝，結果竟然給我來這招啊，遙控車，這可不便宜呢，明明不能載人。而且大賽是什麼？六日要練習是怎麼一回事？不就是玩具嗎？完全無法理解！

賽馬 Keiba

　　每到週六日的下午3點半左右，他就會排除萬難、緊巴著廣播或電視不放。一被説「你真愛賭博呢」，必定會反駁「賽馬不是賭博，是男人的浪漫」。喔～像電影「優駿」那樣嗎？如果是馬主、調教師或廄務員的話我還能理解，但你只不過是日本中央賽馬會眼中的肥羊罷了！賽馬場那些富麗堂皇的設備，我們家可是贊助了不少資金呢！

Outdoor 野外活動

　　雖然崇尚健康是好事，但我偶爾也想在一個設備完善的地方過夜，而不是睡帳篷；想在餐廳裡用餐，而不是吃便當。為什麼要特地從生火開始做起，用打火機不就好了嗎？咦？老年的夢想是買一台露營車周遊日本？我才不要！好歹我老年想搭文明的利器移動，躺在軟綿綿的被窩裡啊!!

活跳跳

抓到啦——!!

↑
蜜月旅行。

運動比賽觀戰 Sports Kansen

是不錯啦，運動比賽觀戰既健康又陽光，前提是要有分寸。如果得專程請假去外縣市的比賽加油打氣，還是作罷吧。就算沒有你也不會影響比賽的勝負，而且輸了就心情不爽真的很令人困擾，拜託不要這樣。喂！不准給女兒穿黃黑條紋的衣服！

第5章　無能老公嗜好小屋

Tsuri

釣魚

　　天氣好的日子，一大早就自顧自地跑出去，釣回來的魚卻是太太要負責處理。唔哇──！超麻煩的！超市明明就有在賣便宜又處理好的魚。而且喜歡釣魚卻討厭吃魚是怎麼一回事？既然釣了就給我負起責任吃掉。有魚刺不喜歡？那給我釣花枝回來啊！你這個蠢蛋！

收藏 Collection

　　從公仔到鋼彈模型、鐵道模型……男人究竟為何那麼喜歡收集東西呢？跟他說你又不是蜈蚣，買這麼多鞋一輩子也穿不完，只會被他回嗆說「這不是用來穿的！」。不對啊，怎麼想都是用來穿的啊。而且我們家這種兩房一廳一廚的房子，還要挪一間當收藏的房間，真是令人難以置信！打掃的時候也是麻煩透頂！

動漫

Anime

　　可以不要什麼事都擺出一副得意洋洋的表情，引用動漫裡的台詞嗎？我不懂你的梗。「以為用鋼彈比喻別人就一定聽得懂，只是你一廂情願的想法」，松雪泰子的這句廣告詞想必令很多女生點頭如搗蒜，不過總比迷上那種充斥著不合理巨乳女的可疑動漫來得好。

電玩 Game

　　男人這種生物，究竟為什麼從小學生到老大不小的大叔都這麼愛打電動呢？休假前還會通宵玩到早上，隔天再睡到下午，真是好命。果然他們還是需要一個會叮嚀他們「電動一天只能打一小時！晚上不早點睡，早上會爬不起來唷！」的媽媽吧。

無嗜好

Musyumi

　　不錯啊，大家都有各式各樣的嗜好。你知道嗎？無嗜好的老公也是挺令人難以忍受的唷。六日都賴在家，我出門的時候一定要跟。一副沒霸氣的模樣，看得我都焦躁起來。現在就開始擔心他退休後的日子了。我看給他個盆栽好了？

太太見聞錄！ 番外篇

育兒無能篇

● 換尿布時如果是大便就立刻放棄。

● 我在哄小孩睡覺時，他在旁邊鼾聲大作。小孩在旁邊嚎啕大哭居然還能睡得著，真是令人敬佩。

● 諾羅病毒用含氯消毒劑消毒是基本常識……但看到老公打算拿含氯消毒劑去擦嘔吐的小孩時，真的很想一拳灌下去。

● 說「抱小孩肩膀會痠、頭會痛耶～」，因此幾乎不抱小孩，也多虧你這樣，小孩跟你完全不親！

● 拜託老公幫小孩換衣服，他居然拿我的內褲給小孩穿，各種意義上來說心情十分複雜。

工作辛苦了篇

● 老公脫口說想要辭職，甚至還去看了心理醫生，結果最後去給人家驅邪一下就恢復精神了。

● 被降級調職，工作地點和工作時間都變了，卻瞞著我偷偷調整時間上班了一陣子。

● 口口聲聲說工作很忙，無法為了家人請假，卻會為了睡過頭或輕微發燒等無聊的理由輕易請假。

● 公司禁止加班後超早就回家。「去找個晚上的打工啊」，說出這種話的我是惡妻嗎？

其實相當在意篇

● 看著日漸後退的髮線，陷入深深的沮喪之中。看到他那種氣氛，我實在說不出「何不乾脆剃光頭算了」。

● 公公的頭髮很少，他的口頭禪是「但我是像媽媽」，宛如想要說服自己的髮根一樣。

飲酒勿過量篇

● 每次都喝得爛醉如泥，也該認清自己的酒量了吧。

● 一喝酒就會突然愛睏。結婚紀念日出去吃晚餐，看到他趴在桌上睡覺時，真的有股想丟下他自己回家的衝動。

● 完全不會喝酒，卻每晚都小酌無酒精啤酒，令人無法理解。

無所謂篇

● 房間或浴室也想裝電視。真的不需要。

● 房間裡放小型冰箱也真的不需要。

● 洋芋片是馬鈴薯做的，所以覺得吃洋芋片等同於吃了蔬菜。

● 爆米花也是一樣的道理。

● 自己不知道的事，即使是一般常識也硬要辯解說「我讀的小學沒教過」。公雞不會生蛋，確實是沒學過呢。

● 認為酒精消毒是無敵的。

● 我很感謝他幫忙洗浴室，但一次用掉一整罐清潔劑絕對是太超過了，差點要被刺鼻味薰昏。

● 前女友的照片還偷偷藏在電腦裡，我早就發現囉。

附錄四格漫畫

世上夫妻百百種，真的是很有趣呢。

抱歉讓妳意識到殘酷的事實。

結　語

說件不害臊的私事，其實我和我先生是交往了將近八年才結婚的，因此可以說是在彼此認為相當了解對方的前提下結婚。然而結婚生活真正開始後，我才陸續發現他有一連串意想不到的另一面，著實令我震驚，想必我先生也有一樣的感受吧。

主張無性別論的人可能會有異議，但結婚生活讓我深刻體悟到男女果然是不同的生物。不過這不是優劣的問題，而是性情和適應性的差異，且這個差異或許就是彼此互相吸引的原因也說不定。而除了無能的部分，想必也有因為彼此的差異而感到欣慰或是覺得被救贖的部分，這點我相信坊間的太太們都非常清楚。雖然把坊間的男性說成無能老公、大肆批評後才講這些話，感覺有點於事無補（笑）。

當然，夫妻彼此都有無能的點，我在取材時也收集了一大堆「無能太太的行徑」。或許有一天我會把它們彙整成另一本書也說不定，但以一個現任無能太太的立場而言，還是先不要公開比較好。

此外，本圖鑑的內容是出自我個人的主觀和偏見，有點偏頗，關於這一點，我也藉這個機會致上我的歉意。

最後，誠摯感謝分享個人經驗的諸位朋友及老公，以及實現這個企畫的創元社的山口先生、本次依然帶來精美封面及設計的中瀨小姐。還要謝謝擁有無比寬大的胸襟、讓我寫了這本書的丈夫，由衷致上我對你的愛與感謝。

很不可思議的，今年是我們結婚第十年。今天的我們依舊在背地裡覺得對方「無法理解」，時而感到傻眼，時而覺得感謝，幽默地過著每一天。

2014年

井上ミノル

作者簡介

井上ミノル　INOUE Minoru

插畫家兼作家。1974年生於日本兵庫縣。畢業於
甲南大學文學系。曾擔任廣告代理店業務等職務，
2000年正式以插畫家的身分出道。除了繪製旅遊
雜誌、MOOK及歷史書的插畫或漫畫之外，也撰寫
酒類雜誌的專欄或報導。活用自己生性對國文的喜
愛，於2013年出版圖文書《如果紫式部是大公司
的OL（暫譯）》，在趣味古典入門書類別中博得
好評。愛好歷史和生物，育有兩女。

DAMEDANNAZUKAN
© MINORU INOUE 2014
Originally published in Japan in 2014
by SOGENSHA Inc.
Chinese translation rights arranged through
TOHAN CORPORATION, TOKYO.

我的老公就是這麼沒用！**無能老公圖鑑**

2023年 9 月15日二版第一刷發行
2023年12月 1 日二版第二刷發行

作　　者　井上ミノル
譯　　者　李巧薇
編　　輯　李佳蓉
特約美編　麥克斯
發 行 人　若森稔雄
發 行 所　台灣東販股份有限公司
　　　　　＜網址＞www.tohan.com.tw
法律顧問　蕭雄淋律師
香港發行　萬里機構出版有限公司
　　　　　＜地址＞香港北角英皇道499號北角工業
　　　　　　　　　大廈20樓
　　　　　＜電話＞（852）2564-7511
　　　　　＜傳真＞（852）2565-5539
　　　　　＜電郵＞info@wanlibk.com
　　　　　＜網址＞http://www.wanlibk.com
　　　　　　　　　http://www.facebook.com/wanlibk
香港經銷　香港聯合書刊物流有限公司
　　　　　＜地址＞香港荃灣德士古道220-248號
　　　　　　　　　荃灣工業中心16樓
　　　　　＜電話＞（852）2150-2100
　　　　　＜傳真＞（852）2407-3062
　　　　　＜電郵＞info@suplogistics.com.hk
　　　　　＜網址＞http://www.suplogistics.com.hk
ISBN 978-962-14-5806-3